시선집

점등인의 별에서

정윤천 시집

신세계문학

시인의 말

사람들은 모두 하나씩의 별이었다 별에서 별까지 닿는 사이에
섬과 해바라기와 목이 긴 해안선이 잠들어 있었다.
어린 시인을 닮은 점등인의 손길이 별들을 깨우며 지나가곤 하였다.

영화가 끝나면 별들은 집으로 돌아가야 하지만
영화가 끝나기 전에 별들의 만남은
점등의 지붕 위에 눈을 뜨고 있었다.

유랑에서 돌아온 시들도 등대 아래 엎드려 백년보다 기나긴
시詩를 쓰며 있었다.

 — 꽃과 별과 이방의 골목 지붕들을 함께 호흡하여 준
한희원 화가의 그림들에게도 깊은 마음의 시선을 드리기로 한다.

정윤천(시인) 한희원(화가) 최재진, Danielle Scott(번역)

차례

1부

■

사랑은 다시 태어날 물음 속으로

시인의 말 · 3

섬 · 11
유랑流浪이라 쓰려고 하네 · 12
점등인의 별에서 · 16
기타라는 이름의 순간과 같이 · 18
모르는 사이에 지나간 것들 · 20
사랑은 다시 태어날 물음 속으로 · 21
사랑의 돈키호테 · 23
꽃이 피는 나타샤 · 24
영화가 끝나기 전에 · 27
사랑을 부른 노래는 영웅이다 · 28

2부

나비를 뭉쳐서 너에게로 던졌다

어린 시인을 위한 칠판 · 31
수선화가 지나갔다 · 32
가을 편지가 오는 시간 · 34
손짓으로 · 35
오래 전의 나처럼 · 37
나비를 뭉쳐서 너에게로 던졌다 · 38
산복도로 · 40
나는 가수의 말로 시를 쓰려고 한다네 · 42
어쩌면 우리가 모르는 일들 · 44
풍경의 최선 · 46
아직 도착하지 못한 이유 · 47

3부

■

그림을 잘 그리는 아이를 위하여

바다로 가는 자전거 · 51
그림을 잘 그리는 아이를 위하여 · 52
사랑을 잘 기르는 방식 · 53
남자가 입은 치맛자락일지라도 · 55
등대 아래 백년 · 56
건반 하나 · 58
아무 말도 묻지 못했다 · 60
9월의 시詩 · 61
초원 사진관 · 62

4부

우체통은 빨간 색이었다

눈사람 아이를 위한 연가 · 67
우체통은 빨간색이었다 · 68
눈물 · 71
사랑이 와서 가져가라고 · 72
별이 있고 언덕을 넘고 새들이 날아가는 동안 · 74
영주 · 76
어떤 시의 속삭임 쪽에서는 · 77
밤이라는 이름의 희망 · 79
거기 두었네 · 80
해바라기가 살고 있던 집 · 82
은행나무 앞으로 지나간 마흔 살의 하루 · 84
A Day in the Life of a Forty,
 -Year-Old Passing by a Ginkgo Tree · 90

발문 | 송재학(시인)
"발해"의 해안선 뒤에서 밀려온 시들 · 96

제1부

사랑은
    다시
태어날
    물음 속으로

섬

이곳에는
아직
눈물이 도착하지 않았고

눈물보다 작은
물방울이 하나

내 가슴의 한가운데에 맺혀 있었다.

유랑流浪이라 쓰려고 하네

안개라고 느낄 수 있었고 눈썹이라 부를 수 있었고
가시나무라고 새길 수 있었던
바람 속의 어느 순간을
유랑이라 쓰려고 하네

언젠가 나의 맨 마지막 시집의 제목에게도
유랑이라 부르려 하네

아직은
시와 사랑의 전쟁터에서 꺼내어지지 않았으므로

날카로운 장미 가시의 매질로부터도
구해지지못했으므로 간신히
쓰려하네

여기까지 오는 동안
어느새 줄어들어 버렸는지 모를
낮아져 가는 강물소리의 턱밑까지는
따라가 보았다가 돌아와
쓰네

당신은
먼저 와서 기다려 주었던 동안의
운명만큼으로
쓰네

두고온 노래들의 멀었던 도착만큼으로
그만큼을
쓰려하네

풀잎이라 부를 수 있었고 물방울이라 들여다 볼 수 있었던
바람 속 시의 이름 하나를
처음부터 유랑이라 바라보려고 하네

점등인의 별에서

눈물이 많아졌다는 저녁이
해안선 근처를 걷고 있었다 등대 아래에서
시詩를 쓰다가 온다고 했다

너라는 말이 멀어 보여서 내게도
울 뻔했던 빗소리가 찾아온 적이 있었다

그 후로
한동안은 점등인이라는 말이 따뜻했다

휘파람 소리를 맡겨놓고 간 계절은 지나갔어도
별들은 시간을 지켜 찾아오고는 하였다

한때는 공터보다 어두웠던
강물과 기차와 술병이
별들 사이에서 밝혀지고 있었는데

그것들은
방향보다 먼데서 오는 일이었다

〈밤〉
풀잎을 괴롭혔던 바람의 발길질도
그러나 곧 물러나게 될 것이다
죽음처럼 캄캄했던 밤도 그랬으니까

너에게로 가까워지기 시작하려는 동안
바닷가에서 만난 물소리 속으로도
별들이 하나둘씩 돌아오고 있었다.

기타라는 이름의 순간과 같이

어떤 소설의 제목에 목요일이라는 단어가
들어가야만 하였던 운명이었듯이

나뭇잎 냄새가 뒤따라왔던
골목 속으로 지나온
오후 같거나

그러니까 사랑도
종아리가 길고 가느다란 하였던

기타라는 발음의
순간과 같이.

모르는 사이에 지나간 것들

1
밤눈과
수건을 말려 접어놓고 간 누군가의 손길과

잠잘 때 태어나 버린 어린 날의 병아리 울음소리

하얗고
조용하고

노오란 것들

2
언젠가 너에게로 굴러갔던
물방울들과

물방울이라고 말할 수밖에 없었던
동그랗고 투명한 것들.

사랑은 다시 태어날 물음 속으로

나뭇잎이 흔들리는 동안
나뭇가지는 속으로 울고 있었는지도

하필이면
그 골목 끝이 서로에게 남겨져
어깨를 스치며 지나가게 되어 있었는지도

오늘처럼 눈이 펑펑 쏟아져 내리는 날엔
처음에 정한 시의 제목을 고쳐 써야만 하게 되었는지도

새들도
저녁에 미리 태어나 있었거나
언젠가 태어날 날씨 속으로

일제히 날아오게 되어 있었는지도.

사랑의 돈키호테

라만차의 풍차들도
녹슨 무릎의 여행을 준비하면

누군가에게로 편지를 쓰게 하는 밤이
찾아오기도 하였다네

새소리가 와서 깨우는
창문들이 밝아져 올 때까지
밤새 다듬었던 문장 속의 그리움이
한 뼘이나마 길어나 있었기를

더 늦기 전에
로시란테의 발자국 뒤를 따라가 보고 싶기도 하였다네

지금도 내 마음속에 엉뚱하고도 아름다웠던
누군가의 이름이 하나 전해져 내려왔던 까닭은

온티에일의 거친 벌판을 혼자서 건너가는
그가 남아있었기 때문이라네.

꽃이 피는 나타샤

꽃들은 모두 나타샤에게서 태어나지

나타샤는 이름이 아닐 수도 있어 총을 든 군인의 동작이거나
수도원의 뾰족한 종탑 아래일 수도 있었지

분명한 것은 나타샤가 나타난다는 데에 있어
그도 어차피 1월에서 12월 사이에 태어났을 거니까

해바라기처럼 길쭉한 걸음일 때도 있지
나타샤의 말투를 처음엔 잘 알아듣지 못할 수도 있지만
말 보다는 나타나기를 즐기는 나타샤

무거운 짐을 태운 트럭이 지나갈 때
공장에서 나온 남자들이 술집 안의 난로를 향해
함부로 이거나 세차게 쳐들어 갈 때에도

나타샤는 조금씩 길어나지
그것은 나타샤만의 좋은 버릇 중의 하나

입술에 연필을 문 정원사 아저씨가
나뭇가지에 빨간 새집을 매다는 커다란 집의 담장 안에서

나타샤의 아이들이 노래를 부르며 뛰어노는 장면을 상상해 봐

지금까지 보다는 아름다워지게 될 거야
꽃이 피는 나타샤가 여기를 지니고 있는 동안에는.

영화가 끝나기 전에

　골목의 담장 위에는 장미꽃들이 앞을 다투어 피고 있었다

　배경 음악에 어울리는 원피스 차림의 여자가 점점 더 가까워지더니 푸른 지붕 아래의 건물 안으로 구두 소리만 남겨 놓고 사라지고 있었다

　관객들은 이미 알고 있었다 이제 저 안에서는 두 사람의 긴 키스가 이어질 것이라는 걸

　대부분의 사랑은 영화가 끝나기 전에 미리 이루어져 있곤 하였다.

사랑을 부른 노래는 영웅이다

영국 출신의 가수 데이빗 보위는
언젠가의 해외여행 중에
철조망을 사이에 두고 편지를 주고받는
젊은 연인의 모습을 바라보게 되었는데요
돌아와서 그 순간을
한 곡의 노래에 담아 부르기 시작하였다는데요

"사랑하는 사람은 영웅이다"

그의 노래는 세상에 널리 퍼져서
베를린의 장벽을 허무는
역사적인 자리까지 함께하였던
영웅의 노래를 탄생 시켰다는데요

사랑은
세상의 수많은 억압을 물리치는
영웅의 또 다른 이름일 것 같았지요

그 순간을 포착한 모든 노래는
처음부터 이 별을 위해 태어난
용감한 영웅의 이름이 분명한 것 같았는데요.

제2부

나비를
뭉쳐서
너에게로 던졌다

어린 시인을 위한 칠판

이 별에 잠시 머물다가 간 이름이 쓸쓸했을 화가의 이름입니다

맨 처음 여자의 몸에 음모陰毛를 그려 넣은
'진실의 거울'이었어요

언제부턴가 나의 가슴 속에도 어린 시인을 위한 칠판 하나를 마련해 주고 싶었답니다

고야의 초상을 거기 그려 넣어 볼래요 종달새를 그리지 않고 종달새의 울음을 적으려고 합니다 사랑도 깊게 안으면 천천히 청력이 사라져가요 들판의 벌레 소리들이 닫히면 옹달샘의 고요가 열리겠지요 고야도 귀머거리의 말년을 그림으로 재우며 지냈답니다 눈이 내리는 밤과 아무도 오지 않는 오솔길을 더욱 사랑하고 싶어져요 재판소의 판관들에게로 내가 쓴 진실의 시들을 모조리 압수 당하고 돌아왔던 밤에도 눕지 않을 거예요 어린 시인을 위한 내 초록의 칠판 위에는 고야의 지문을 새겨 넣어 볼 거예요 이 별에게로 남겨 놓고 돌아갈 내 이름의,

시 한 편을 그려놓고 떠날 거예요.

수선화가 지나갔다

너에게서 나에게로 병病보다 창백했던
표정이 지나갔으니

너에게서 나에게로
달과 까마귀와 나리꽃의 계절이 완성 되었다.

가을 편지가 오는 시간

길가의 사과나무가 말해 주었다
누군가 사랑하는 사람의 어깨를 감싸줄 때
그 손바닥의 온도로 사과는
익어가는 거라고

지나가던 구름이 맞받아 주었다
구름은 지상의 아이들이 쏘아올린 웃음소리의 숫자만큼으로
하늘에 매달려 있는 것이라고

그때, 들국화의 서랍 속으로는
가을의 편지 한 장이 가만히 도착하고 있었다.

손짓으로

두 남녀가 문을 밀고 들어와
그 중 한 사람이
주인에게 대고 커피를 시킨다

말을 잃은 사람들이
말을 가진 사람들을 위해 세운
사원寺院의 언어로

손짓으로

주문 시간이 다른 손님들에 비해 별로 차이가 나지는 않았다.

오래 전의 나처럼
– 데칼코마니

누가

휘파람 소리 한 소절의 끄트머리를
아무도 모르게 흘려놓고 갔다

코스모스의
꽃잎 위에다

마치
오래 전의 나처럼.

나비를 뭉쳐서 너에게로 던졌다

1
창밖과 손바닥을 번갈아 바라보았다

많이 떠나왔다고 생각했는데
여기까지만 와 있었던 실수가
나에게는 남아있곤 하였다

보내오신 슬픔의
쓸쓸한 배후를
함부로 헤아릴 수 없어서

창밖을 바라보았다.

2
내게 더 추운 저녁이 가까워져 오더라도
괜찮을 수 있다는 결심을 품게 되자
어제보다 더 창백한 눈사람을 만져볼 수 있었다

너에게로 가는 선線이
더 가늘어지던 마음도 있었는데

긴요한 말이 잘 떠오르지 않았던
불안이 따라왔던 날이면

자세히 보여주지 않았어도 내게는
너라면서 숨어있었던
감기 같았다

3

   서쪽이면서 원고지 위에서 지냈던 날들 네가 맨발이었을 때의 물소리 흰 길이 떠올랐다 마적과 유랑 사이에서 나는 울었네 낙타이면서 사막이면서 저녁의 연극 "그날 어머니는 열아홉 봄날 아침에 아버지네 마을로 맨 처음의 시집을 왔더랍니다" 발해로 가는 저녁 너는 그때 내가 다가가는 골목의 반대편을 바라보고 있었다 루마니아 동전 꽃이 피는 나타샤 가을 바다에 오지 마라 나를 날리다가 간 나비들의 노란 흔적들

   한 웅큼의 나비를 뭉쳐 너에게로 던졌다 유두 끝에 닿아서 〈풀숲나무〉 위의 햇살처럼 날아올라 버렸으면.

산복도로

　죽기 전에 읽어야 할 100가지 책 중에서 한 권도 읽지 못하고 죽은 사람은 불행하지 않다

　산복도로*라는 말을 살아 있을 때 한 번도 들어보지 못한 사람이 더 불행하다

　그 길의 끝에 나이 든 미루나무와 어린 별들이 숨어있는 마을이 살고 있었다.

　＊산 중턱에 있는 꼬불꼬불한 도로

나는 가수의 말로 시를 쓰려고 한다네

가수들은 가장 맑고 환한 날을 택하여
지상에 도착한 날개를 지닌 사람들이라네 하지만
은총과 저주를 함께 간직한 슬픈 세포의 사람이라네

신이 내려준 목소리라 불리는 쏘프라노 조수미는
언젠가 한 방송국 기자와의 인터뷰에서
아름답고 쓸쓸하고 사무친 대답을 들려주었네

- 은퇴를 하면 가장 먼저 하고 싶은 일이 무엇인가요?
- 거리나 들판에서 온몸에 흠뻑 비를 맞아보고 싶어요!

물음표와 느낌표의 사이에서
가수는 기다렸다는 듯 말하여 주었네
두 사람 사이로 한동안의 침묵이 흘러 갔었네

길고양이에게도 가로수에게도
길가에 버려진 검정 비닐 봉지에게도
사소하고 하찮았던 그 일이
가수에게는 간절한 소망이었다네

가수는 젖어서도 추워서도 안되는

최후의 악기樂器였다네

너는 왜 시를 쓰느냐고 기자처럼
나에게도 묻고 싶었네
시인도 가장 멀고 아프고 눈이 내리던 곳에서
마지막 시간에 날아온 날개의 사람이었으면 싶었다네.

어쩌면 우리가 모르는 일들

나뭇잎이 푸르른 것은
찬물만 마시고 자랐기 때문인지도

새들은
섬에게로 쓰다가 흘린
편지지의 글자 속에서 태어나 버렸는지도

오늘처럼 눈이 많이 내리는 날엔
처음 붙인 시의 제목도
바뀔지 모르는 일이었는지도.

풍경의 최선

푸성귀를 넘치게 실은 짐자전거 한 대가
마을 앞 공터까지 안간힘으로 버티고 와서
이제 막 넘어지려는 순간이다

사랑도
최선의 풍경 앞까지 도착하기 전에는

풍경의 최선으로 견뎌야 한다.

아직 도착하지 못한 이유

 나를 너무 오래 기다리게 했던 이유 중의 하나는 문밖에 없었던 내가 문밖에 없었던 까닭입니다

 6월을 따라나섰던 내가 6월의 끝에서 물구나무를 서버렸던 까닭입니다 그러자 갑자기 9월이 찾아와 버렸기 때문입니다

 그보다는, 가장 울기 좋은 지점에서 강江이 사라져 버렸기 때문입니다.

제3부

그림을
잘 그리는
아이를 위하여

바다로 가는 자전거

갈림길에서 헤어져야 할 때
그 자전거는 해안 쪽으로 간다고 했다

해가 저기 전까지
괭이갈매기 한 마리가 살고 있는 마을 앞까지
도착해야 한다고 했다

태양은 등 뒤에서 거리의 녹음綠陰들을 헤아릴 때
바다로 가는 자전거에게도

늦어서는 안 되는 깊은 사랑의 약속이 하나
정해져 있었는가 보았다.

그림을 잘 그리는 아이를 위하여

그림을 잘 그리는 아이가 있었다
커서 화가가 될 거라고 이미 다 커버린 어른들이 말해 주었다

배추흰나비는 날아가고
장미꽃이 피고
강물이 흐르고
다리가 놓이고

그림을 잘 그리는 아이가 그림을 잘 그리는 동안

배추흰나비는 날아가 버리고
장미꽃은 활짝 피어 버리고
강물은 멀리 흘러가 버리고
다리가 놓여 버렸더라도

그림을 잘 그렸던 아이가 무사히 화가에게 도착해 주었으면 싶었다.

사랑을 잘 기르는 방식

산에서 내려오는
순서대로
우리 안으로 넣어주면 된다

양¥들이 자는 밤의 문을
꼭꼭 닫아 주면 된다

행여 길을 잃고 돌아오지 못한
어린 양이 있거든
시간과 걸음이 허락하는 동안만큼
찾아 나서 보아야 한다.

남자가 입은 치맛자락일지라도

가난했던 날들을 기억해야 한다
그래야 부자가 된 날들이
소중할 수 있을 테니까

살아있는 것들에게
고개 숙여 주어야 한다 그래야

죽어있는 온갖 것들에게
감사할 수 있을 테니까

나만 살아있음에
미안할 수 있을 테니까

남자가 입고 있는 치맛자락에게도
사정에 대하여 살펴주어야 한다

그래야만
여자가 입은 치마처럼
세계가 바람 속으로 펄럭거려 볼 수 있을 테니까.

등대 아래 백년

제목을 정하는데
일생이 걸리던
시詩는 있었다

먼데서 부친 편지가
아직 도착하지 않은 시간을
일생으로 알고 떠나가는
새들도 있었다

바다 건너에서 지낸다는
당신의
희미한 소문을 바라보다가
백년이 걸려버린
기다림이 있었다

칠이 벗겨진
지붕 같았으며

기다리기에 알맞은 자리에
서있는 날들이
거기 있었다

등대 아래 백년 같았고
백년 속의 등대 같았다.

건반 하나

골목 끝에 내다 놓은
피아노 한 대
아무도 눈길 주지 않았는데

단발머리 소녀 하나가
가던 걸음을 멈추더니
피아노 앞에 앉았습니다

건반 위에 가만히
손을 얹어 주었는데

피아노는 낡았지만
그 안에서 살아있는 소리가 울려 나왔습니다

그러고 보니

우리들의 등 뒤에
손이 잘 닿지 않는 날개뼈 안쪽에
사랑하는 사이만이 누르기 쉬운
조그마한 건반 한 개가
놓여져 있었습니다.

아무 말도 묻지 못했다

전화기 속으로 울먹이는 소리가 지나갔다

너에게도
더 크게 울고 싶었던 지점에서
강江이 사라져 버렸는가 보았다

거실 천정에 붙어있던 새의 눈을 끄지 못하고
잠이 들었다

시집의 마지막 페이지에 넣어 주고 싶었던
시의 제목을

끝내 묻지 않았다.

9월의 시詩

9월이 오면
시를 쓸거야

사랑에 관하여

남아있는 계절이
지나와 버린 계절보다 짧아져 버렸으니까.

초원 사진관

창백하고
궁금했던 시간들이 문을 열고 남아 있었다

병실에서 돌아온 남자가 혼자만의 스튜디오 안에서
결별의 사진을 완성하자

예전의 이 거리가 다른 이름으로 불려 졌던 사소한 기억과 같이
초원의 빗방울 소리들이 닫혀져 가고 있었다

영화 속 여자가 깨뜨리고 간 유리창의 파편에는
우산 속의 두 사람 머리 위로 지나갔던
빗소리들이 맺혀 있었다

영화 밖의 우리들에게도 언젠가
눈물보다 가혹한 빗물이 찾아왔다 간 기억이 살고 있었다

8월의 크리스마스*는 맹렬하고 난폭했을 비유의 날에
비가 내렸던 한낮이거나 비가 그친 오후에서
태어났을 것 같았다

선량하고 메마른 웃음기의 남자가

세계世界처럼 두고 간 키 작은 스쿠터 같은

지붕 낮은 골목들이
서로를 기다려 주기도 하는 이 도시의 한쪽에서는
목이 새하얀 해안선이 어깨를 흔들고 있었으므로
보낼 수 없는 선물 같거나 도착하기 힘든 기후氣候의 내용만큼으로
전혀 불가능해 보였던 영화의 이름 하나는
아직 문을 열고 남아있었다.

*한석규와 심은하가 열연했던 이루지 못한 사랑 이야기의 영화 제목

제4부

우체통은
　　빨간
색이었다

눈사람 아이를 위한 연가

우리는 왜 내년 봄의 꽃들이 피어나기 전에
이곳에서 떠나가야만 해요

그건 너의 조상이
눈사람 아이이기 때문이란다

이 별의
반대편에 살고 있는 친구들이
지난 계절 동안 너무 외롭고 추웠던 날들이 많아서

네가 돌아가
가난한 골목 앞이거나 마당가에
눈사람 아이로 서있어 주어야 하기
때문이란다.

우체통은 빨간색이었다

쓰다가 그쳐놓은
시를 꺼내 보았다가 눈물을 비쳤다던 사람이
다녀갔다고 하였다

일이 생겨 집을 잠시 비웠다가
만나지 못하고 말았다

하지만 오늘 같은 기후에는
그가 사는 도시의 끝에서도
종아리가 물에 젖은
바닷가가 지내고 있을 것만 같았다

비가 그친 골목 속으로
이삿짐을 실은 트럭이 한 대 들어서고 있었는데

시를 찾아내어 읽지 않는 사람들도
있을 곳을 찾아오고 가며 있었다

우체통이 다른 날보다 빨갛게 씻겨 있었다
걸음을 한 움큼 집어 들어
너에게로 가까워지고 싶었다

눈물이 많이 매웠는지
우체통의 얼굴도 빨간색이었다.

눈물

가진 것 중에 제일 깨끗했다

혀로 찍어 맛을 보아야만 할 때에도 끝까지
너는 그랬다.

사랑이 와서 가져가라고

1
눈이 내린다

외로울 때
춥지 말라고
눈이 내린다

가난할 때도 울지 말라고
눈이 내린다

2
발목보다 더 가느다란 두 줄의 철로 위로
지구보다 더 커다란 기차가 지나갈 때
눈은 내린다

이 세상의
온갖 철거덕거림들을 싣고 떠나는
기차의 지붕 위에도 눈은 내리고

사랑하는 사람에게로 가까워져 가는 이들을 위해
눈이 내린다

서로의 품에 안길 때 포근하라고
자꾸만 자꾸만 눈이 내린다.

별이 있고 언덕을 넘고 새들이 날아가는 동안

시詩만 바라보다가 눈가가 얼어 버렸다던 누군가가
흰 산이 바라보이는 마을 쪽으로 떠나갔다

한밤중이 되어도
별이 있고 언덕을 넘고 새들이 날아가는 방향을 따라서

아직 찾아내지 못할 흰 눈에 덮힌 나무의 이름 하나가
그의 설산雪山의 어딘가엔 남아 있는가 보았다.

영주*

함께 다녀왔던 도시의 이름이
함께 갔던 사람의 이름과 똑같을 수 있었다

급하게 지나가는 자전거 옆에서
걸음을 멈추어 주었다

바퀴처럼 서두르지 않아도
추억은 얼마든지 따라올 수 있을 것 같았다

그때는 보지 못했던 빨간 포탄 알들이
돌아서 버린 영주의 뒷모습처럼 익어가고 있었다

바람 속으로는 자꾸만 실려 오는 게 있었다
영주만의 향기일 것도 같았다

언젠가
혼자서라도 한 번쯤은 더 오게 될 것 같았다.

*사과밭이 많은 도시의 이름

어떤 시의 속삭임 쪽에서는

너에게서 멀어지기 위해
너에게로 가까워 가는
어긋난 감정과도 같았는데

맹수보다
더 위험한 밤이 지나갔던
맹목의 날들

나타샤 댄스*라는 노래 속의
미묘한 가사처럼
"그리고 내가 알지 못했던 삶의 속삭임"

내게서 멀어져 너에게로 가까워 갔던
내가 쓴 어떤 시의 속삭임 쪽으로
한참이나 다소곳이 바라다보기도 하였을 때

그러나 알 수 없었던
어떤 시의 속삭임 쪽으로는.

*아르헨티나 출신의 가수 Chris De Burgh의 노래

밤이라는 이름의 희망

공포와 좌절도
거짓말도
힘없는 친구를 괴롭혔던 주먹질도
그러나 곧 물러나게 될 것이다

죽일 듯이 캄캄했던 밤도 그랬으니까

나뭇가지 위의 첫눈도
밤처럼 캄캄했던 설산雪山을 빠져나와
여기까지 도착하여 주었을 테니까.

거기 두었네

두고는
와야만 했던 일 하나를
나는 두었네

손으로도 움켜쥘 수 없고
주머니에도 담을 수 없었던
사정이어선
나는 두었네

흉금으로나 간직할 수밖에 없어서
수피樹皮에나 새겨 놓을 수밖에 없어서

내 생의
어느 흐리고
비 되어 내리던 날이면

눈 내리고
꽃잎 지던 날이면

인두질 만큼으로나
데이고 왔던

목을 꺾어서라도
돌아다보고 싶어지는

그런 일 하나를 거기 두었네

해바라기가 살고 있던 집

지금도 자라고 있는 집이 있었다

해바라기
키처럼

마음속에 키운 말 한마디
꺼내 보이지 못하고 말았지만

한쪽 귀가 없는 화가의 그림 속에 피어 있던
동그랗고 환한 그림 같은 한 송이가

골목보다 기다랗던 종아리의
그런 집 한 송이가

아직까지 나에게는 살고 있었다.

은행나무 앞으로 지나간 마흔 살의 하루

1

당신을 태운 기차를 보내고 온 감정의 선線 하나를 여기에 잠시 내려놓아 봅니다. 기억의 건반 위에서 들려올지 모를 풍금 소리의 시간을 기차도 강물처럼 흘러갔을 것 같았습니다.

강물이 끝나는 마을의 언덕 위에 완미完美처럼 서있던 은행나무의 풍경을 요약해 보려 합니다.

그 나무의 가지 하나는 맨 처음 편지를 부치러 갔던 우체국의 지붕에 내려앉은 고요와 침을 발라 붙여 준 우표 한 장과 그리고 종소리가 들려오던 교회의 길목 쪽을 향하여 가만히 흔들리고 있어도 괜찮을 것 같았습니다.

순간이라는 순간 앞에서 잠시 정지해 본 적이 있었던가요. 오고 가는 순간들의 매 순간들이 어쩌면 여기에 놓아보려 하였던 선들의 순간일지도 모른답니다.

누구나 한 번씩은 마흔 살의 역 앞으로 강물과 기차처럼 지나오기도 하였겠지만, 마흔이라는 단어를 발음해 보면 거기 '마음'과 '흔적'이라는 의미가 왜 그렇게도 겹친 채로 마주 보고 있었던가요.

'마음의 흔적' 하나가 느껴졌던 오래 전의 아침이었을 겁니다. 어쩌면 나는 깊은 휴지休止의 시간 속에서 깨어난 듯 잠시 몽롱해진 상태였던 것 같았습니다.

기억의 그네 위로 잠시 걸터앉아 보았습니다. 가버린 것들의 그림자와 오지 않은 미지의 새 얼굴들과, 그것들을 바라보는 마음의 정서가 떠나기 위해 몸을 일으키는 기차의 곁으로 '마흔 살의 하루'라는 다소 긴 이름의 역 하나를 세워놓게 하였던가요.

어쩌면 우리는 저마다의 기차에 올라타 있었던 누추한 표정의 승객일 수 있었겠지요. 성마른 기적소리를 지르며 가던 마흔 살의 하루 끝에서 말입니다.

기차는 그렇게 오래된 들판을 지나고 수수밭의 언덕에서는 힘이 들어 보이기도 하다가, 약국 앞이거나 해장국 같은 착한 모국어의 간판들 곁을 스쳐 가기도 하였겠지요.

그 아침으로 돌아가 긴 기지개의 잠에서 깨어날 수 있다면, 당신을 처음 본 장소에서 매만졌던 나뭇잎들 같은 마흔 편쯤의 시들을, 다시 한번 바람 속으로 흔들려보게 하고 싶었답니다.

2

　해바라기의 언덕 위로 밀잠자리의 느린 편대가 저공비행으로 도착하는 서정抒情을 지켜봅니다. 적막하고 화평한 시간의 한 때가 어쩌면 내게도 절실했을지 모를 기다림의 근경近境이었기를 소원하여 보았습니다.

　그런 날의 밤이면 하급반 아이들의 걸음처럼 느리게 뒤따라왔던 별들의 시간을 고개를 들어 바라보고 싶었습니다.

　당신이라는 호칭 하나가 갑자기 아득해져 버리고 말았더라면, 내 마음의 가장 서늘한 쪽에 있었을 그곳의 당신을 향하여, 처음부터 내 것이었을지 모를 소나기구름 몇 장을 부쳐보고 싶었더랍니다.

3

　언젠가 들려주었던 사막의 이야기 하나가 떠오릅니다. 유전油田을 찾아 오지를 찾아다닌다는 한 유랑의 발걸음에 관한 전언傳言 말입니다.

　잠에서 깨어 눈을 뜨자마자 커피포트의 전원을 켜고 나면 다른 손으로는 스테레오의 볼륨을 커다랗게 높인다고 하였던가요.

창문이 하나도 없는 벙커와 같은 사막의 야영지에서, 그가 혼자만의 제의처럼 맞이했을 한잔의 커피와 시끄러운 노랫소리의 장면을 추측해 보면, 노력도 없이 찾아와 주었던 우리들 일상의 안락들이 얼마나 커다란 행운일 수 있었던가요.

길 위에서 만나고 헤어진 숱한 시구詩句들의 운명과 함께, 누군가가 처해있는 위도緯度에 관해서도 헤아려 볼 수 있는 기회가 되었던 것 같았습니다.

연서의 혐의가 깊어 보였던 주고받은 엽서의 내용 안에서, 한 번쯤 붉어졌을지 모를 당신 표정의 한순간이 궁금해지기도 하였는데, 그만 질투의 마음이 일어날 것도 같았던 모래의 페이지 한 장을 서둘러 넘겨 버리기로 하였더랍니다.

지금도 누군가 황량한 호흡의 걸음으로 걷고 있을 뜨거운 햇볕 쪽을 향하여, 내 마음의 습기와 곰팡이들을 날려 보내기도 하였다는 쑥스러운 고백을 늦게나마 전하기로 합니다.

4
시詩에게 돌아가야 할 이 세상의 모든 시의 시간들이 각각의 표정으 다시 태어나고 저무는 순간들을 향해 마음을 모아 보려고 합니다.

언젠가 내가 낮은 목소리로 들려주었던 "바다로 가는 자전거"라는 작은 시 한 편을 아직 기억하고 계시는지요.

"갈림길에서 헤어져야 할 때／ 그 자전거는 해안 쪽으로 간다고 했다／ 해가 지기 전까지／ 괭이갈매기 한 마리가 살고 있는 마을까지／ 도착해야 한다고 했다／ 태양은 등 뒤에서 길가의 녹음綠陰들을 쓰다듬어 주고／ 바다로 가는 자전거에게도／ 늦어서는 안 되는 깊은 사랑의 약속이 하나／ 정해져 있었는가 보았다"
― 〈바다로 가는 자전거〉

나도 그렇게 어느 하루쯤엔 '마흔 살의 하루'라는 이름의 역 앞으로, 은빛 바퀴의 뒷모습을 흘리며 달려가 보고 싶었습니다.

그리고 나면, 어느 오래된 계절 위에서의 밀잠자리 한 마리 마냥 조금은 한가해져 버리거나 쓸쓸해져 버려도 괜찮을 것 같았습니다.

맨 밑바닥에 잠들어 있던 해저海底의 목소리들을 한꺼번에 너무 많이 인양해 버리지는 않았는지 모르겠군요.

은행잎의 낙엽들이 손수건 마냥 깔려 있던 그 역 앞의 나무 의자에 돌아가 앉아, 금방이라도 문을 열고 나올 것만 같은 당신의 발소리 쪽을 향하여 눈을 들고 오래 바라보고 싶었습니다. 그러면 거기 우리가 함께 입을 모아 불러주었던 "은행나무 역"이었거나 "마흔 살의 하루라는 이름"으로 새겨 넣었던, 세계의 어디에도 존재하지 않을 쓸쓸하고 아름다운 종소리 하나가 지금도 울려 나오며 있었겠지요.

At the Station Named A Day at Forty

1
I set down here, for a moment, a single thread of emotion
from sending off the train that carried you.
It felt as though the time of an organ's sound,
which might rise from the keys of memory,
flowed like a river, like a train.

I try to summarize the landscape
of a ginkgo tree standing like perfection
on a hill in a village where the river ends.

A single branch of tree
seemed fine to sway gently
toward the silence that settled on the post office roof
where I sent my first letter,
toward a stamp sealed with spit,
toward the church path where bells rang.

Have I ever paused before a moment called a moment?
Perhaps every moment coming and going
is a thread of moments I tried to set down here.

Everyone must have passed, like rivers and trains,
before the station of forty.

But why, when pronouncing the word "forty,"
do "heart" and "trace" overlap and face each other so?

It must have been a morning long ago
when I felt a single "trace of the heart."
Perhaps I was in a briefly dazed state,
awakened from a deep pause of time.

I sat for a moment on the swing of memory.
The shadows of things gone,
the unfamiliar faces yet to come,
and the emotions of a heart gazing at them—
did they build a station with the rather long name
"A Day at Forty" beside a train rising to depart?

Perhaps we were all passengers with weary expressions,
riding our own trains,
at the end of a day at forty,
shouting with the impatient whistle of a train.

The train passed through old fields like that,
straining up hills of cornfields,
brushing past signs of kind mother-tongue words
like pharmacies or hangover soup shops.

If I could return to that morning,
awakening from the long stretch of sleep,
I'd want to let forty poems,
like leaves touched at the place I first saw you,
sway again in the wind.

2
I watch the lyricism of dragonflies
arriving in slow squadrons
over the hill of sunflowers.
I wished that a quiet, peaceful moment
might have been the nearness I desperately needed.

On the night of such a day,
I wanted to look up at the time of stars
following slowly, like the steps of lower-grade children.

If the title "you" suddenly grew distant,
toward that place in the coolest part of my heart
where you might have been,
I wanted to send a few shower clouds
that might have been mine from the start.

3
I recall a story you once told about a desert.
A message about the footsteps of a wanderer
searching for oil fields in the wilderness.

Didn't you say that, upon waking,
he'd turn on the coffee pot with one hand
and crank up the stereo's volume with the other?

In a desert camp like a windowless bunker,
I imagine the scene of a single cup of coffee
and loud music, greeted like a ritual.
How great a fortune were the comforts of our daily lives,
arriving without effort?

Along with the fate of countless poetic lines
met and parted on the road,
it felt like a chance to consider
the latitude where someone stands.

In the contents of postcards exchanged,
heavy with the suspicion of love letters,
I grew curious about a moment
when your expression might have flushed—

but, fearing jealousy,
I decided to quickly turn the page of that sandy chapter.

Even now, toward the scorching sunlight
where someone walks with barren breaths,
I send,
a shy confession of blowing away
the dampness and mold of my heart.

4
I try to gather my heart
toward the moments when all the times of poetry in this world
are born and fade, each with its own expression.

Do you still remember
a small poem I once recited in a low voice,
called "The Bicycle to the Sea"?

"When we must part at the crossroads,
the bicycle said it would head toward the coast.
Before the sun sets,
it said it must reach a village where a herring gull lives.

The sun caressed the street's green shade from behind,
and for the bicycle heading to the sea,
there seemed to be a deep promise of love
that could not be delayed."

One day, I too wanted to race
toward a station named "A Day at Forty,"
trailing the silver wheels' wake.

And then, like a dragonfly in some old season,
it would be fine to grow a little idle or lonely.

I wonder if I salvaged too many voices
from the depths of the ocean floor all at once.

Returning to sit on a wooden bench
covered with time's fallen leaves like a handkerchief,
at the station,
I wanted to look up
toward the sound of your footsteps,
as if you'd step out any moment.
Or else, I chose to long remember
the back of a train racing away,
its hair streaming in the rush.

| 발문

"발해"의 해안선 뒤에서 밀려온 시들

송재학 (시인)

그가 이전에 썼던 시 「발해로 가는 저녁」을 먼저 이야기해야겠다. 이 시에 대한 짧은 글을 어느 지면에 옮기면서 정윤천 시인을 마주쳤다. 가족사의 애틋함을 지금은 잊힌 나라 "발해"라는 겹으로 감싸안은 시였는데, 감정과 감성이 요철처럼 맞물려서 생성된 장면이 돋보였다.

이 시를 조금 외우면서, 혼자 중얼거리기도 했다. 이 글을 다시 인용해 본다. "해동성국 발해는 지금 어디에 있을까. 발해를 완전히 기억하지 못하지만 그 누군가에게 발해는 두 나라의 해안을 간직하고 있었던 어머니이기도 했다. 어머니가 입원했던 병동의 긴 복도 사이에 발해의 성터가 있다.

결코 잊어버릴 수 없는 운명처럼 북쪽 발해의 발자국은 남쪽으로 내려와서 우리를 간섭한다. 우리와 함께 영구차를 타고 모서리에 쭈그려 앉는 발해의 눈매는 슬프다. 하지만 발해의 바다는 우리의 망각을 쓰다듬는 다정한 손바닥을 가졌다. 누군가 속삭일 때 우리의 기억 한쪽이 따뜻한 쪽으로 휘어진다면 그것은 발해의 해안선이다."

발해는 어머니처럼 익숙하면서도 어머니의 어머니의 어머니처럼 먼, 우리의 내밀한 기억이 되어 주었다. 지금은 남의 땅이지만 잊을 수 없는 나라. 멀고도 갈 수 없는 나라의 이미지가 고스란히 차용했던 것은 발해의 이중성 혹은 외로움의 표징일 수 있겠다.

발해에서 온 비보 같았다
내가 아는 발해는 두 나라의 해안을 간직하고
있었던 미쁘장한 한 여자였다
마을에서는 유일하게 자전거를 다루어 들을 달리던
선친의 어부인이기도 하였다
학교 가는 길에 들렀다던 일본 상점의 이름들을
사관처럼 늦게까지 외고 있었다
친목계의 회계를 도맡곤 하였으나
사 공주와 육 왕자를 한 몸으로 치러 냈으나
재위 기간 태평성대라곤 비치지 않았던
비련의 왕비이기는 하였다

병동의 복도는 사라진 나라의 옛 해안처럼 길었고
발해는 거기 눈을 감고 있었다
발목이 물새처럼 가늘어 보여서 마침내 발해였을 것 같았다
사직을 닫은 해동성국 한 구가
아직 닿지 않은 황자나 영애들보다 서둘러 영구차에 오르자
가는 발목을 빼낸 자리는
발해의 바다 물결이 와서 메우고 갔다
발해처럼만 같았다

  이 시편은 그해 문학상을 수상했는데, 당연한 결과라고 생각한다. 내 감상이 전해져서인지 얼마 지나지 않아 정윤천 시인이 연락을 해주었다. 이번에 시집을 출간하면서 발문 형식의 글을 부탁한 것은 아마도 그러한 소소한 인연들이 쌓은 인과가 아닌가 짐작한다.

문예의 지향점이 서로 다른 시인의 글쓰기가 필요했을 때, 그가 보내온 시집 원고를 숙독하면서 원고를 되풀이 하면서 읽고 오래 생각하게 했던 것은 한편으로 좋은 일이었다.

덧붙이자면 글쓰기를 자신의 하루하루로 생각하는 사람의 이름 중에 정윤천이 있었다.

시집 원고를 덮으면서 가장 먼저 들어온 구절, '눈물이 많아졌다는'는 것, 눈물의 시간은 누구에게나 다가오는 생의 주기율이다. 멜랑콜리라는 너머의 감정을 고백하고픈 심정이다. 1960년생 정윤천 시인에게 주기율이 다가왔다. 온통 수줍음이 물결 위에 어룽지듯 헤아려진다.

전작의 키워드인 '발해'는 이번 시집에 와서 유독 별의 이미지로 번안되었다. 과연 시집의 서문에서 시인은 울컥한 목소리로 별을 이야기하고 있다. "사람들은 모두 다 하나씩의 별이었다 별에서 별까지 가는 길에 섬과 해바라기와 목이 긴 해안선이 살고 있었다."

왜 발해에서 별인가. 보이지 않고 닿지도 않는 발해와 별은 아득하다는 점을 공유하지만, 별은 지금 바라볼 수 있다는 가능의 정서를 가진다. 발해와 별의 차이점이 같으면서도 달라서 어쩌면 시인에게 발해보다 별이 더 곡진하다고 할 수 있을지 모른다. 그리하여 우리는 별이 소환한 잠언 지향의 시를 몇 편 만나게 된다. 그 가운데 있는 특별한 시편 「남자가 입은 치맛자락일지라도」를 읽어보자.

    살아있는 것들에게
    고개 숙여 주어야 한다 그래야

죽어 있는 온갖 것들에게
감사할 수 있을 테니까

나만 살아있음에
미안할 수 있을테니까

　모든 사람들이 누군가에게 빚진 마음을 가진다면, 정윤천은 죽어 있는 것들에게 살아 있음을 미안해하고 있다. 죽음 덕분에 내 살아 있음이라는 경외의 표정에 뭐라고 덧붙여야 할까, 다만 고개 숙이며 공감할 수밖에. 가령 "가진 것 중에 제일 깨끗했다 // 혀로 찍어 맛을 보아야만 할 때에도 끝까지 / 너는 그랬다."(「눈물」)는 눈물이 잠언에 근접한 이유 또한 다르지 않다. 그리하여 정윤천은 사물과 사물에 투영된 감정이랄 수 있는 사물에서 피어나는 꽃들을 소환한다.

　"꽃들은 모두 나타샤에게서 태어나지"(「꽃이 피는 나타샤」)라는 아름다운 구절은 이 시집만이 소유한 새로운 은유처럼 풍경이 된다. 꽃을 피우는 나타샤의 정체성은 시적 문장이 사물 / 행위와 겹쳐지는 경험치를 독자에게 보여준다. "나타샤는 이름이 아닐 수도 있어 총을 든 군인의 동작이거나 / 수도원의 뾰족한 종탑 아래일 수도 있었지"라는 문장에서 나타샤는 사람 / 사물 모두에 해당되지만 나타샤의 등장 지점은 군인과 수도원이라는 이질적 공간을 같이 동화시키는, 긍정의 현현이다. 전쟁과 평화를 상징하는 나타샤의 비유에서 우리가 주목할 것은 나타샤의 본질이다. 나타샤는 사람이고 사물이면서 생각이다. 그리하여 총을 든 군인의 숫자가 늘어나거나 수도원 종탑의 소리가 급박하다면 나타샤는 조금씩 확장된다는 사실을 시인은 주목한다.

나타샤가 전쟁과 평화에 대한 인본주의적 사유라면 보다 개인적인 시인의 생각은 "이 별에 잠시 머물다가 간 이름이 쓸쓸했을 화가의 이름"(「어린 시인을 위한 칠판」)에 관심이 많다. 아마도 정윤천 시인의 편애가 만든 세계관이지 않을까 싶다. 그들을 위한 기록의 칠판을 시인은 넓게 준비했다. 이미 생각의 바탕이 된 별을 포함한 이 칠판에 그려질 목록 속에 정윤천이라는 희망이 먼저 기록된다. "고야의 초상을 거기 그려 넣어 볼래요 종달새를 그리지 않고 종달새의 울음을 적으려고 합니다 사랑도 깊게 안으면 천천히 청력이 사라져 가요 들판의 벌레 소리들이 닫히면 옹달샘의 고요가 열리겠지요 고야도 귀머거리의 말년을 그림으로 재우며 지냈답니다 눈이 내리는 밤과 아무도 오지 않는 오솔길을 더욱 사랑하고 싶어져요 재판소의 판관들에게로 내가 쓴 음모의 시들을 모조리 압수당하고 돌아왔던 밤에도 눕지 않을 거예요 어린 시인을 위한 내 초록의 칠판 위에는 고야의 지문을 새겨 넣어 볼 거예요 이 별에게로 남겨 놓고 돌아갈 내 이름"이라는 것은 시인의 세계 해석의 리스트이다. 이러한 리스트는 이번 시집에서 종종 고백의 종류가 되곤 한다.

서쪽이면서 원고지 위에서 지냈던 날들 네가 맨발이었을 때의 물소리 흰 길이 떠올랐다 마적과 유랑 사이에서 나는 울었네 낙타이면서 사막이면서 저녁의 연극 "그날 어머니는 열아홉 봄날 아침에 아버지네 마을로 맨 처음의 시집을 왔더랍니다" 발해로 가는 저녁 너는 그때 내가 다가가는 골목의 반대편을 바라보고 있었다 루마니아 동전 꽃이 피는 나타샤 가을 바다에 오지 마라 나를 날리다가 간 나비들의 노란 흔적들

한 웅큼의 나비를 뭉쳐 너에게로 던졌다 유두 끝에 닿아서 〈풀숲나무〉

위의 햇살처럼 날아올라 버렸으면.
   - 「나비를 뭉쳐서 너에게로 던졌다」에서

  그리고 보니 정윤천의 생물학적 연령이 궁금해졌다. "나비를 뭉쳐서 너에게로 던"진 마음은 발해에서 어머니를 연상한 마음과 다를 바 없다. 더욱이 그 마음은 "많이 떠나왔다고 생각했는데 / 여기까지만 와 있었던 실수가 / 나에게는 남아있곤 하였다"는 마음과 연장이다. 그러기에 아직 시를 쓰는 마음이 어떨까 짚어보는 내 생각은 생활 속의 정윤천에게 향해 있다. 정윤천은 어떤 사람을 만나고 어떤 책을 읽고 어떤 일을 하고 있을까. 정윤천의 생활을 전혀 알지 못하고 정윤천의 시만 알고 있었다는 자책감이 있다.

우체통이 다른 날보다 빨갛게 씻겨 있었다
걸음을 한 움큼 집어 들어
너에게로 가까워지고 싶었다
   - 「우체통은 빨간색이었다」에서

  빨갛게 씻겨 있는 우체통은 이른바 시의 물질이라고 짐작할 수 있다. 걸음을 한 움큼 집어 들어 재빨리 너에게로 가까워지고 싶다는 소망 역시 시를 계속 쓰려는 결심일 것이다. 왜 우체통일까라는 것은 시를 누군가에게 보내는 편지라고 믿는 속셈과 다르지 않다. 빨간 우체통을 "유랑이라 쓰려고 하네"라는 시의 제목으로 번안하면서, 시인은 자신의 삶과 자연의 살림을 모두 유랑의 모습인 것을 자각한다. 예를 들어

안개라고 느낄 수 있었고 눈썹이라 부를 수 있었고

>   가시나무라고 새길 수 있었던
>   바람 속의 어느 순간
>   -「유랑流浪이라 쓰려고 하네」에서

을 모두 유랑이라고 쓰는 경우이다. 사물과 사람, 감정에 대한 시인의 친밀도가 상승하면서 대상에 대한 몰입도는 그 자체가 시적 언술이 되는 경우라고 말할 수 있겠다.

이 세상이 영화 세트처럼 누군가 기획하고 설명하고 예정되었다는 운명 속에서도 삶은 어떻게든 흘러간다는 서사는「초원 사진관」에서 잘 매듭지어져 있다.

>   창백하고
>   궁금했던 시간들이 문을 열고 남아 있었다
>
>   병실에서 돌아온 남자가 혼자만의 스튜디오 안에서
>   〈결별의〉 사진을 완성하자
>
>   예전의 이 거리가 다른 이름으로 불려 졌던 사소한 기억과 같이
>   초원의 빗방울 소리들이 닫혀져 가고 있었다

이것은 감상 너머의 먹먹한 감정이겠다. 멜랑콜리를 받아들이면서도 감상에 치우치지 않고 감상을 시로 옮기는데 정윤천의 이번 시집은 의미가 있다. 어쩌면 돌변의 지점이 될지 모를 행로를 정윤천은 담담히 걸어간다. 뒷모습이 많은 시집이라고 생각하면서, 발해 이후의 감정이

치솟는다. 이후 또 그는 어떤 모습일까.

 사족을 덧붙이면, 이 범속한 발문이 정윤천의 신작 시집 이해의 한 걸음이 되길 바란다. 발해 이후 정윤천의 최대 발명은 아마도 '나타샤'가 아닐까 믿는다.

점등인의 별에서

2025년 9월 15일 초판 1쇄 찍음
2025년 9월 25일 초판 1쇄 펴냄

지은이 _ 정윤천
펴낸이 _ 임인호
편집장 _ 김옥경
디자인 _ 장상호

펴 낸 곳 _ 도서출판 신세계문학
등록번호 _ 서울 종로 00200
주　　소 _ 서울특별시 종로구 동숭길 74
대표전화 _ (02)6232-8356

ⓒ정윤천, 2025
ISBN 979-11-964787-4-2　03810

＊지은이와 협의하여 인지는 생략합니다.
＊이 책 내용의 전부 또는 일부를 재사용하려면 반드시 지은이와
　도서출판 신세계문학 양측의 동의를 받아야 합니다.
＊책값은 뒤표지에 표시되어 있습니다.